# LU
# ET
# SERPENT DE MER

Karen Dolby

Illustrations de Caroline Church

Maquette : Amanda Barlow
Directrice de la collection : Gaby Waters
Rédactrice adjointe : Michelle Bates
Traduction : Christine Sherman

# Sommaire

# À propos de ce livre

Ce livre raconte les aventures de Lucie et de son chat, Pompon. Aujourd'hui, ils vont se promener sur la plage.

# Sur la plage

Lucie s'assoit sur un rocher pour lire son nouveau livre, une histoire de dragons et de créatures fantastiques. Pompon guette les poissons. Les vagues viennent lécher le rocher de Lucie, avant d'aller s'écraser sur la plage. La fillette commence à avoir faim. Il est presque l'heure de dîner.

Pompon est en train de bâiller quand une grosse vague l'arrose des pattes aux moustaches. Lucie lève la tête. Une ombre étrange se profile sous l'eau.

**Regarde la page ci-contre. Que vois-tu près du rocher ?**

## Lucie rencontre le serpent de mer

Lucie se retourne et n’en croit pas ses yeux. Un serpent de mer surgit de l’eau. On dirait l’un des monstres de son livre : il est vert, avec un long corps sinueux et deux antennes ondulées sur la tête. Son dos est hérissé de pointes menaçantes, mais il a l’air gentil.

Lucie est encore plus étonnée quand la créature se met à parler :

« Bonjour ! Je m'appelle Horace. Je suis un serpent de mer.

- B... b... bonjour, bégaie la fillette. Je m'appelle Lucie, et voici Pompon. »

Mais où est passé Pompon ? Il a disparu !

**Sais-tu où se trouve Pompon ?**

# Les aventures commencent

« Je dois sauver Pompon ! s'exclame Lucie.

- Je vais t'aider, dit Horace. Monte sur mon dos. »

Lucie promène sa main sur le dos d'Horace et constate avec soulagement qu'il est beaucoup plus doux qu'il ne paraît. Elle s'assoit à califourchon sur le serpent. La queue d'Horace fouette l'eau et les voilà partis à travers les vagues !

Une forme argentée bondit soudain hors de l'eau et replonge aussitôt. Lucie a eu pourtant le temps d'apercevoir des petits yeux ronds et une bouche souriante.

Des dauphins !
Toute une famille de
dauphins qui danse et bavarde
autour d'Horace et de Lucie !
« Avez-vous vu mon chat ? leur demande Lucie.
- Va voir à l'île de l'Oiseau bleu », répond un
dauphin, en glissant une carte des îles entre ses mains.

**À ton avis, laquelle de ces îles est celle de l'Oiseau bleu ?**

# L'île de l'Oiseau bleu

« Tout le monde descend ! » annonce triomphalement Horace.

Lucie saute à terre. Un peu plus loin, on entend des cris et des appels joyeux. Elle court le long de la plage rocailleuse et aperçoit des enfants en train d'amarrer leur bateau. Elle a l'impression que quelqu'un la suit du regard, là-bas derrière les arbres.

Aucune trace de Pompon, mais une petite fille l'a vu sur l'île de l'Arbre solitaire. C'est l'une des îles de la baie. Les enfants lui disent comment la reconnaître.

**Laquelle est l'île de l'Arbre solitaire ?**

# Fannie la Pêche

Horace fonce vers l'île de l'Arbre solitaire. Là, les deux amis rencontrent une petite fille. Elle veut bien les aider, mais elle ne parle qu'en vers !

*« Fannie la Pêche est mon nom,*  
*et si vous jouez avec moi,*  
*je vous mettrai sur la voie*  
*pour retrouver Pompon. »*

Horace et Lucie ont un peu de mal à la comprendre ! Ils décident pourtant de jouer avec Fannie, dans l'espoir de retrouver Pompon.

*« Au labyrinthe de corail, arrêtez-vous d'abord.*  
*Pour trouver votre chemin, la prudence est d'or :*  
*cherchez l'eau claire, évitez les accidents,*  
*méfiez-vous des requins et des rochers tranchants.*

*Prochaine étape, l'île nacrée, où vous devrez trouver*
*douze coquillages étoilés, tous de couleur dorée.*
*Donnez-les au vieux Théo et demandez-lui*
*du Lagon perdu le chemin et du chaton têtu le destin.*
*Et maintenant, comme promis,*
*j'arrête mes vers de mirliton*
*pour jouer à cache-tampon.*
*Regardez bien autour de vous :*
*combien de pieuvres y a-t-il avec Roudoudou ? »*

Une petite pieuvre salue Lucie du bout d'un tentacule : c'est Roudoudou. Où sont les autres pieuvres ?

**Peux-tu retrouver Roudoudou sur le dessin ? Combien vois-tu d'autres pieuvres ?**

# Le labyrinthe de corail

Horace et Lucie se mettent en route pour le labyrinthe de corail.

« Cela ne va pas être facile de trouver notre chemin, remarque Horace. Il y a des récifs partout et on dirait que nous sommes attendus par de bien dangereux personnages. »

**Le drapeau blanc montre la voie vers le large. Peux-tu aider Horace et Lucie à traverser sains et saufs le labyrinthe, sans heurter de récifs et sans se faire dévorer ?**

# L'île nacrée

« Ouf ! Je suis bien content d'être dehors, s'exclame Horace à la sortie du labyrinthe. Filons vite à l'île nacrée avant d'aller voir Théo. »

Devant les yeux éblouis de Lucie, l'île nacrée apparaît bientôt, complètement recouverte de coquillages qui brillent de mille couleurs sous le soleil. La jetée est pavée de coquilles, un bateau-coquillage tangue doucement sur l'eau, et une hutte décorée de palourdes et d'escargots de mer attend les visiteurs.

Lucie se dépêche de ramasser autant de coquillages qu'elle peut dans un panier.

Puis elle se rappelle qu'elle doit chercher des coquillages d'une forme particulière.

En furetant un peu partout sur la plage, elle finit par réunir douze coquillages dorés en forme d'étoile. Il ne leur reste plus qu'à trouver Théo à l'entrée du Lagon perdu.

**Où sont les douze coquillages dorés en forme d'étoile que Lucie doit ramasser ?**

# Le Lagon perdu

Lucie n'est pas au bout de ses surprises, car le vieux Théo est doté d'une magnifique queue de poisson !

« Mais vous êtes une sirène ! » s'exclame-t-elle.

Théo sourit sans répondre, remue la queue et compte ses coquillages.

« C'est bon, vous pouvez entrer dans le lagon. Passez par ici et puis encore par là », déclare-t-il enfin.

Les deux compagnons pénètrent dans le Lagon perdu. Le long de ses rives poussent des arbres extraordinaires, chargés de fruits étranges.

Tout à coup, une tête surgit du haut du feuillage.

« Coucou ! Je m'appelle Olive et, avec mes jumelles, j'observe les oiseaux. Je peux vous aider à retrouver votre boule de poils si vous cherchez d'abord l'un de mes amis à plumes. J'ai perdu la trace du racoucou à aigrette. Il se reconnaît aux cinq plumes tachetées de sa queue. Si vous me dites où il est, je vous montrerai où est parti votre chat. »

**Où se cache le racoucou à aigrette ?**

# La rivière arc-en-ciel

Olive est si heureuse de voir le racoucou à aigrette qu'elle en tombe presque de son arbre.

« Votre chat est parti là-bas, le long de la rivière arc-en-ciel », révèle-t-elle.

Lucie regarde les eaux tourbillonnantes. « Le courant a l'air dangereux », dit-elle.

Horace entre dans l'eau. Éclaboussés par les vagues, ils sont emportés par les remous lorsque soudain... oh non ! PLOUF, PATAPLOUF !

Horace et Lucie sont projetés sous une cascade. Toussant et crachant, ils remontent à la surface. La rivière arc-en-ciel se dirige maintenant vers la mer. Lucie aperçoit tout à coup un minois familier.

**Qu'a donc vu Lucie ?**

# Sous la mer

Pompon est pris dans un tourbillon qui l'entraîne sous les vagues.

« Il n'y a qu'un moyen de le suivre, dit Horace. Du moins pour toi. Et tu as de la chance, voici de l'aide. »

Un petit poisson qui passe par là se met à inspirer de grandes goulées d'air. Il enfle comme un ballon. Encore un effort, et le voilà aussi gros que la fillette.

« C'est un poisson patapouf, dit Horace. Ne bouge pas... »

Le poisson recrache une énorme bulle d'air autour de Lucie, qui peut alors plonger sans danger à la suite d'Horace. Les deux amis arrivent au fond de la mer.

Dans sa bulle, Lucie admire ce monde sous-marin extraordinaire. Un étrange poisson lui adresse la parole, mais chaque mot flotte dans une bulle et la phrase est en désordre.

**Quel est le message du poisson ?**

# Le vieux galion

Un banc de poissons multicolores frôlent Lucie. Deux tortues font la course entre les arches de corail et les algues qui ondulent. Derrière un rideau de plantes entrelacées, la fillette aperçoit soudain l'entrée d'une sombre caverne.

Horace disparaît à l'intérieur et Lucie le suit dans une sorte de tunnel. À la sortie, quelle n'est pas sa surprise de découvrir l'épave d'un splendide galion, à demi ensevelie sous le sable. Mais où est passé Horace ?

**Peux-tu retrouver Horace ?**

# La maison d'Horace

« Tiens-toi bien, j'ai une surprise pour toi », dit Horace.

Lucie a beau se cramponner à la queue d'Horace, elle finit par lâcher prise et fait une énorme culbute, heureusement amortie par le sable. Devant elle, se dresse un véritable château de conte de fées.

« C'est ma maison, annonce Horace. Et tous ceux-là sont mes amis et ma famille. Ils veulent tous te rencontrer, mais ils sont un peu timides. »

Amis ? Famille ? Mais où ça ? Horace explique que les autres serpents de mer sont ceux qui ont des antennes ondulées sur la tête.

**À ton avis, combien y a-t-il de serpents de mer ?**

# Surprise !

Lucie pénètre à l'intérieur du palais. Sa bulle éclate et elle s'aperçoit qu'elle n'en a plus besoin pour respirer. Horace la présente à ses amis et la conduit vers une grande porte recouverte de nacre. Celle-ci s'ouvre lentement.

Une mer de visages se tournent vers Lucie. Les serpents de mer et leurs amis sont assis autour d'une longue table, dans une salle immense. Ils se mettent tous à parler en même temps.

« Nous avons organisé une grande fête en ton honneur, dit Mathilde, la sœur d'Horace. Notre autre invité de marque est déjà là. »

**Quel est l'autre invité ?**

# Au revoir

Lucie serre Pompon dans ses bras. Tout le monde se met à danser. Occupée à manger, à chanter et à virevolter avec ses amis, Lucie ne voit pas le temps passer ! Mais il est l'heure de partir.

Lucie et Pompon font leurs adieux et remontent sur le dos d'Horace. Après un voyage sans encombre, ils arrivent sur la plage où cette aventure a commencé.

« Je ne veux pas te quitter, Horace, soupire Lucie en embrassant le serpent.

- Ne t'en fais pas, répond Horace en souriant, nous nous reverrons bientôt ! »

Lucie et Pompon sautent sur la plage et Horace repart dans la mer.

« À table ! crie la voix familière de la maman de Lucie. Le dîner est servi ! »

# Réponses

**Pages 4-5**

Un serpent de mer vert s'approche du rocher. Il est entouré sur l'image.

**Pages 6-7**

Pompon a été emporté par la mer.

**Pages 8-9**

L'île de l'Oiseau bleu est probablement celle-ci. C'est la seule avec des oiseaux bleus.

**Pages 10-11**

L'île de l'Arbre solitaire est ici. Elle a un seul arbre, une tour pointue et aucune autre maison.

**Pages 12-13**

Il y a onze pieuvres en comptant Roudoudou. Elles sont toutes entourées sur l'image.

**Pages 14-15**

Le chemin à prendre est tracé en rouge.

**Pages 16-17**
Les douze coquillages dorés en forme d'étoile sont entourés sur l'image.

**Pages 18-19**
Voici le racoucou à aigrette. Il a bien cinq plumes tachetées.

**Pages 20-21**
Lucie vient d'apercevoir Pompon. Il est ici.

**Pages 22-23**
Une fois remis dans l'ordre, le message du poisson est le suivant : « RENDS-TOI AU PALAIS DES SERPENTS ».

**Pages 24-25**
Horace est caché derrière les algues.

**Pages 26-27**
Il y a dix serpents de mer, entourés sur l'image.

**Pages 28-29**
L'autre invité est Pompon, le chat de Lucie.